January 01

사랑아,
새해 아침에도
나는 제일 먼저
네가 보고 싶다
늘 함께 있으면서도
새로이 샘솟는 그리움으로
네가 보고 싶다

〈새해 아침에〉 중에서

December 31

하얀 배춧속같이
깨끗한 내음의 십이월에
우리는 월동 준비를 해요
……
한겨울 추위 속에
제맛이 드는 김치처럼
우리의 사랑도 제맛이 들게
참고 기다리는 법을 배워야 해요

〈겨울 아가 2〉 중에서

이해인

올리베따노 성 베네딕도 수녀회 수녀이자 시인. **1945**년 강원도 양구에서 태어나 필리핀 세인트 루이스 대학 영문학과와 서강대 대학원 종교학과를 졸업했다. 현재 부산 성 베네딕도 수녀회에 몸담고 있다. **1970**년에 어린이 잡지 《소년》에 동시를 발표하며 등단했으며, **1976**년 첫 시집 《민들레의 영토》를 출간한 이후 《내 혼에 불을 놓아》, 《오늘은 내가 반달로 떠도》, 《시간의 얼굴》, 《필 때도 질 때도 동백꽃처럼》 등의 시집과 시선집, 동시집, 산문집 등을 펴냈다. 새싹문학상, 여성동아대상, 부산여성문학상, 울림예술대상 한국가곡작시상, 천상병 시문학상을 수상했다.

일러두기

- 본문에 실린 시는 《민들레의 영토》(가톨릭출판사, 1976), 《내 혼에 불을 놓아》(분도출판사, 1979), 《오늘은 내가 반달로 떠도》(분도출판사, 1983), 《시간의 얼굴》(분도출판사, 1989), 《엄마와 분꽃》(분도출판사, 1992), 《사계절의 기도》(분도출판사, 1993), 《외딴 마을의 빈집이 되고 싶다》(열림원, 1999), 《다른 옷은 입을 수가 없네》(열림원, 1999), 《작은 위로》(열림원, 2002), 《작은 기쁨》(열림원, 2008), 《엄마》(샘터, 2008), 《희망은 깨어 있네》(마음산책, 2010), 《작은 기도》(열림원, 2011), 《필 때도 질 때도 동백꽃처럼》(마음산책, 2014)에서 발췌했다.
- 시는 내용을 포함하여 구두점까지 원본의 표기를 따랐다. 그러나 산문시의 경우에는 가독성을 위해 저자의 허락하에 행을 나누어 실었다.

모든 순간이 다 꽃으로 필 거예요

2016년 12월 25일 초판 1쇄 펴냄
2025년 11월 1일 초판 16쇄 펴냄

지은이 · 이해인
펴낸이 · 정순택 | 펴낸곳 · 가톨릭출판사 | 편집 겸 인쇄인 · 김대영
편집 · 김지현, 김지영, 박다솜 | 디자인 · 강해인, 이경숙, 정호진 | 마케팅 · 임찬양, 안효진, 황희진, 노가영

본사 · 서울특별시 중구 중림로 27
등록 · 1958. 1. 16. 제2-314호
전자우편 · edit@catholicbook.kr
전화 · 1544-1886(대표 번호)
지로번호 · 3000997

ISBN 978-89-321-1841-3 00810

값 14,000원

January 02

기도는 나의 음악
가슴 한복판에 꽂아 놓은
사랑은 단 하나의
성스러운 깃발

〈민들레의 영토〉 중에서

December 30

또 한 해가 가버린다고
한탄하며 우울해하기보다는
아직 남아 있는 시간들을
고마워하는 마음을 지니게 해주십시오

〈십이월의 엽서〉 중에서

January 03

새해엔 우리 모두
산 같은 마음으로 살아야 하리
산처럼 깊고 어질게
서로를 품어주고 용서하며
집집마다 거리마다
사랑과 평화의 나무들을 무성하게 키우는
또 하나의 산이 되어야 하리

〈새해엔 산 같은 마음으로〉 중에서

순간마다
마음이 순결해지는 눈 나라에선
미운 사람 아무도 없고
용서 못할 사람 아무도 없네

햇빛에 녹아 사라질 때까진
너도 나도
그냥 웃으면 되지

〈눈꽃 노래 3〉 중에서

January 04

세상엔 이렇듯
흠도 티도 없는 아름다움이 있음을
비로소 너를 보고 안다
달이여

〈보름달에게 1〉 중에서

December 28

주님을 따라
함께 길을 가며
함께 부르는 노래는
더욱 아름답고
함께 바치는 기도는
더욱 새로운 힘이 있음을
다시 아는 우리

〈함께 걷는 길 위에서〉 중에서

오래 사랑하는 법을 배우고 싶거든
차를 마셔요, 우리

찻잔을 사이에 두고
우리 마음에 끓어오르는
담백한 물빛 이야기를
큰 소리로 고백하지 않아도
익어서 더욱
향기로운 사람이 될 수 있도록
함께 차를 마셔요

〈차를 마셔요, 우리〉 중에서

아무리 둘러보아도 아직은 메마른
나무의 둘레, 나의 둘레,
꽃도 피지 않고 뜨거울 줄 모르는 미지근한 체온,
비록 긴 시간이 걸려도 꽃은 피워야겠습니다.

〈큰 소리로 말씀치 않으셔도〉 1 중에서

서로서로
복을 짓고
복을 받아
복을 나누는 가운데
선업을 쌓고 덕을 닦는
아름다운
'복덕방'이 되어야지요

〈새해 덕담〉 중에서

한 번 꾸고
사라질 꿈도
삶을 빛내느니
세상 어디에도
버릴 것은 없어라

〈꿈길에서 1〉 중에서

늘 나에게 있는
새로운 마음이지만
오늘은 이 마음에
색동옷 입혀
새해 마음이라 이름 붙여줍니다

〈새해 마음〉 중에서

December 25

진정 당신이 오시지 않으셨다면
우리에겐 아무런 희망도 없습니다, 기쁨도 없습니다
평화도 없습니다, 구원도 없습니다
당신의 오심으로 우리는
희망과 기쁨 속에 다시 살게 되었습니다

〈성탄 밤의 기도〉 중에서

January 08

기쁜 일은 기쁘게
슬픈 일은 슬프게
있는 그대로 받아들이며
아낌없이 쏟아 내는
나의 웃음과
나의 눈물이
시가 되고 노래가 되는 것은
하느님의 놀라운 은총입니다

〈새가 전하는 말〉 중에서

December 24

내가 하기 싫은 일을
예수님 생각하며
기쁘게 할 때
……
내 마음은
예수님이 태어나는
크리스마스 마음인 걸
예수님이 나에게
가르쳐 주시지

〈크리스마스 마음〉 중에서

January 09

나의 삶은
당신을 향해 흐르는
한 장의 길고 긴
연서였습니다

〈구름의 노래〉 2 중에서

우리는 믿습니다
샘이신 당신 곁에 겸손히 머무르면
마침내 우리도 목마른 이들을 축여주는
마르지 않는 샘이 될 수 있음을

〈우리는 믿습니다〉 중에서

January 10

가만히 귀 기울이면
첫눈 내리는 소리가
금방이라도 들려올 것 같은
하얀 새 달력 위에
그리고 내 마음 위에

바다 내음 풍겨오는
푸른 잉크를 찍어
희망이라고 씁니다

〈새해 첫날의 소망〉 중에서

부를 때마다
내 가슴에서 별이 되는 이름
존재 자체로
내게 기쁨을 주는 친구야
오늘은 산 숲의 아침 향기를 뿜어내며
뚜벅뚜벅 걸어와서
내 안에 한 그루 나무로 서는
그리운 친구야

〈친구에게〉 중에서

큰 소리로 말씀치 않으셔도 가까이 들려옵니다.
빛나는 새 아침을 맞기 위하여
밤은 오래도록 어두워야 한다고.

〈큰 소리로 말씀치 않으셔도〉 1 중에서

하고 싶지만 하지 말아야 할 일과
하기 싫지만 꼭 해야 할 일들을
잘 분별할 수 있는 슬기를 주시고
무슨 일을 하든지
그 일밖에는 없는 것처럼 투신하는
아름다운 열정이 제 안에 항상
불꽃으로 타오르게 하소서

〈오늘을 위한 기도〉 중에서

January 12

감사만이
보석입니다

슬프고 힘들 때도
감사할 수 있으면
삶은 어느 순간
보석으로 빛납니다

<감사 예찬> 중에서

December 20

행복은 멀리 있지 않으니
가슴속에 고요한 섬 하나 들여놓고
조금씩 기쁨의 별을 키우라고
먼 데서도 일러주시는 푸른 어머니

〈어느 조가비의 노래〉 중에서

January 13

남을 나무라기 전에
자신의 잘못부터 살펴보고
이것저것 불평하기 전에
고마운 것부터 헤아려보고
사랑에 대해 쉽게 말하기보다
실제로 사랑하는 사람이 되도록
날마다 새롭게 깨어 있어야 하리

〈새해엔 산 같은 마음으로〉 중에서

December 19

사랑으로 먼 길을 오신 당신과 함께
우리의 눈이 사랑으로 열리어
오직 당신만을 보게 하소서
우리의 귀가 사랑으로 열리어
오직 당신만을 듣게 하소서
우리의 입이 사랑으로 열리어
오직 당신만을 찬미하게 하소서

<침묵의 말씀이신 당신 앞에> 중에서

하얀 눈 내리는 날
어디선가 예쁘게
새소리 들려오고

내 마음에 흐르는
시냇물 소리

하루 종일 흘러서
나는 잠들 수도 없네

〈눈꽃 노래 1〉 중에서

December 18

아직 비워내지 못한 마음과
낮아지지 못한 마음으로
혼자서도 얼굴을 붉히는 제게
조금만 더 용기를 주십시오
다시 시작할 지혜를 주십시오

〈한 해를 돌아보는 길 위에서〉 중에서

January 15

감사하고 있습니다
살아온 날
살아갈 날
넘치는 은혜의 바다

〈겨울나무〉 중에서

당신을 알고 난 뒤
낯이 설던 우주는 안온한 나의 집이 되고,
당신을 사랑한 뒤
낯이 설던 이웃은 나의 형제가 되었습니다.

〈큰 소리로 말씀치 않으셔도〉 5 중에서

January 16

시를 쓸 때는
아까운 말들도
곧잘 버리면서

삶에선
작은 것도 버리지 못하는
나의 욕심이
부끄럽다

〈삶과 시〉 중에서

December 16

고운 별 하나
가슴에 묻고
겨울 숲길을 간다

<겨울 길을 간다> 중에서

January 17

눈멀어야 가까이 볼 수 있다면
눈멀게 하소서
너무 많이 사랑함도 죄일 수 있다면
죄인이게 하소서

〈밤의 기도〉 중에서

December 15

보고 듣고 말할 것
너무 많아 멀미 나는 세상에서
항상 깨어 살기 쉽지 않지만
눈은 순결하게
마음은 맑게 지니도록
고독해도 빛나는 노력을
계속하게 해주십시오

〈십이월의 엽서〉 중에서

January 18

사랑이 나에게 바다가 되니
나는 그 바다에 떨어져 녹아내리는
한 방울의 물이 되어 사네.
흔적도 없이 사라지면서 태어남을 거듭하는
한 방울의 물 같은 사랑도 영원하다는 것을
나는 당신 안에 흐르고 또 흐르는 물이 되어 생각하네.

〈사랑은 어디서나〉 17 중에서

December 14

나는 당신을 향해
한 마리 새가 되어 날으고 싶다.
내 좁은 방은 하늘이 되고,
내 무거운 육신은 날개를 달아,
멀리 떠나지 않고도
당신을 소유하는 새가 되는 연습을 한다.

〈당신을 향해〉 중에서

January 19

엄마, 저는요
새해 첫날 엄마가
저의 방에 걸어 준
고운 꽃달력을 볼 때처럼
늘 첫 희망과 첫 설렘이 피어나는
그런 마음으로 살고 싶어요

〈엄마, 저는요〉 중에서

December 13

제가 말을 할 때마다, 주님
제 안에 고요히 머무시어
해야 할 말과 안 해야 할 말을
분별하는 지혜를 주시고
남에 관한 쓸데없는 말로
시간을 낭비하지 않게 하소서

〈저무는 이 한 해에도〉 중에서

January 20

내 영혼이 시의 우물을 파는
밤에는 아무도 말을 건네지 않습니다
밤에는 가장 겸허한 기도를 바칠 수 있습니다

〈편지〉 중에서

목숨까지 떨어지기 전
미루지 않고 사랑하는 일
그것만이 중요하다고
내게 말했던 벗이여

〈송년 엽서〉 중에서

January 21

하얀 쌀을 씻어
밥을 안치는 엄마의 마음으로
날마다 새롭게
희망을 안쳐야지

〈쌀 노래〉 중에서

December 11

사랑하고 있습니다
가는 세월
오는 세월
기도하며 지새운 밤

〈겨울나무〉 중에서

January 22

예리한 칼끝으로 몸을 깎이어도
단정하고 꼿꼿한 한 자루의 연필처럼
정직하게 살고 싶습니다

〈살아 있는 날은〉 중에서

December 10

너를 향한 그리움이
눈사람 되는 눈 오는 날

눈처럼 부드러운 네 목소리가
조용히 내리는 것만 같아
눈처럼 깨끗한 네 마음이
하얀 눈송이로 날리는 것만 같아
나는 자꾸만
네 이름을 불러 본다

〈겨울 편지〉 중에서

January 23

겨울에도 돋아나는
내 가슴속 푸른 잔디 위에
노란 민들레 한 송이로
네가 앉아 웃고 있다

〈새해 아침에〉 중에서

기다릴 줄 몰라
기쁨을 잃어버렸던
우리의 어리석음을 뉘우치며
이제 우리는
기다림의 은혜를 새롭게 고마워합니다
기다림은 곧 기도의 시작임을 다시 배웁니다

〈다시 대림절에〉 중에서

January 24

그들이 못다 한 웃음까지
다 웃고 가려면
한순간도 우울할 틈이 없습니다
눈만 뜨면 발견하는 조그만 기쁨들을
더 많이 만들어야 합니다

〈어떤 결심 하나〉 중에서

December 08

어떠한 말로도 그릴 수 없는
우리들 영혼의 강기슭에
손 흔들고 계신 어머니
우리는 모두가 당신께로 가야 할
길 잃은 철새입니다

〈성모님께 바치는 시〉 중에서

January 25

뜻없이 외우는 기도보다는
슬픔도 괴로움도 견디면서
들풀처럼 열심히
오늘을 살아내는 일이
더 힘찬 기도가 된다고

<집을 위한 노래> 3 중에서

December 07

어디에 숨어 있다
고운 날개 달고
살짝 나타날지 모르는
나의 행복

행복과 숨바꼭질하는
설렘의 기쁨으로 사는 것이
오늘도 행복합니다

〈행복의 얼굴〉 중에서

January 26

사랑한다는 말은
가시덤불 속에 핀 하얀 찔레꽃의 한숨 같은 것.
내가 당신을 사랑한다는 말은
한 자락 바람에도 문득 흔들리는 나뭇가지.
당신이 나를 사랑한다는 말은
무수한 별들을 한꺼번에 쏟아내는 거대한 밤하늘이다.

〈황홀한 고백〉 중에서

꿈속에서도
깨어나서도
늘 헤매다 끝나고 마는
이 세상 여행길엔

언제나
이름 지을 수 없는
그리움 한 톨만
기도로 남아 있네

〈꿈의 길〉 중에서

January 27

우리는 살아가면서 절망을 거듭하지만
절망하는 만큼의 희망을 앎은
얼마나한 축복입니까

〈편지〉 중에서

December 05

사랑이 낳아준
눈물 속에
하도 잘 익어서
별로 뜨는
나의 시간들

〈너에게 가겠다〉 중에서

January 28

사랑의 가시에
깊이 찔리신
당신 마음에
깊이 들어간
저의 기도는
오직 사랑 때문에
피 흘려도 좋은
한 송이 장미로 피어납니다

〈성심이신 예수님께〉 중에서

December 04

오늘 하루
제게 맡겨진 시간의 옷감들을
자투리까지 아껴 쓰는
알뜰한 재단사가 되고 싶습니다

〈오늘을 위한 기도〉 중에서

January 29

마음 놓고 노래할 수도 없는
이 메마른 시대

당신을 부르는 것만으로도
위안이 됩니다
어머니

〈울게 하소서 어머니〉 중에서

December 03

그대가 하얀 눈사람으로
나를 기다리는 눈나라에서
하얗게 피어날 줄밖에 모르는
눈꽃처럼 그렇게 단순하고
순결한 사랑을 해야겠네

〈첫눈 편지〉 1 중에서

January 30

이제껏 내가 받은
은총의 분량만큼
소리 없이 소리 없이 쏟아지는 눈
눈처럼 사랑하려네

〈눈 내리는 날〉 중에서

December 02

나 스스로 한 자루의 연필로
조용하고 자연스럽게
깎이면서 사는 지금
나는 웬일인지
쓸쓸해도 즐겁다

〈연필을 깎으며〉 중에서

January 31

그 이름 빛이신 주님
흰 점 흰 구름 하늘에 실려 가듯
그렇게 조용히
당신을 향해 흘러가게 하소서

〈순례자의 기도〉 중에서

December 01

십이월엔 묵은 달력 떼어내고
새 달력을 준비하며
조용히 말하렵니다
"가라, 옛날이여
오라, 새날이여
나를 키우는 데
모두가 필요한
고마운 시간들이여"

〈십이월의 엽서〉 중에서

February 01

내게 주어진 하루만이
전 생애라고 생각하니
저만치서 행복이
웃으며 걸어왔다

〈어떤 결심〉 중에서

November 30

여행길에 오르면
내가 아직 살아 있는 기쁨을 수없이 감사하고,
서서히 죽어가는 슬픔을 또한 감사한다.

<길을 떠날 때> 중에서

February 02

속으로 아픈 만큼
고운 빛깔을 내고
남모르게 아픈 만큼
사람을 깊이 이해할 수 있다고

〈어느 꽃에게〉 중에서

November 29

삶이 가져오는
무거운 것
슬픈 것
나를 힘겹게 하는
모욕과 오해 가운데서도
기쁨을 발견하여
보석처럼 갈고 닦는 지혜를
순간마다 새롭게 배운다

내가 순해지고 작아져야
기쁨은 빛을 낸다는 것도
다시 배운다

〈기쁨이란〉 중에서

February 03

당신은
늘 하늘과 맞닿아 있는
수평선과 같습니다
……
가는 곳마다
당신이 계셨지요
눈 감아도 보였지요

〈수평선을 바라보며〉 중에서

어느 날,
시간이 내게 보낸 한 장의 속달 엽서를 읽는다.
'나를 그냥 보내놓고 후회한다면
그건 네 탓이야, 알았지?
나를 사랑하지 않은 하루는
짠맛 잃은 소금과 같다니까, 알았지?'

〈시간의 얼굴〉 4 중에서

바람 속에
살짝 웃음을 키우는
나의 마음에도
어서 들어오세요, 봄

〈입춘〉 중에서

November 27

밤하늘에 흩어진 별들처럼
우리는 모두 제가 사는 자리에서
예수를 찾아 빛나는 별들이게 하소서
당신처럼 그를 사랑하는
겸손한 갈망을 일깨우시어
우리의 삶이 사랑으로 변화되게 하소서

〈오늘은 꽃과 불 속에〉 중에서

February 05

시간이 어둠 속에 나를 깨운다.
잠 속에 뒹구는 어제의 꿈을 미련 없이 털어내고,
신이 나를 기다리는 아침의 숲으로 가자고 한다.

〈시간의 얼굴〉 13 중에서

November 26

실컷 슬픔을 풀어내고 나면
나는 어느새 용감해져서
일상의 길을 걸어들어가
조금씩 웃을 수 있다

〈조시弔詩를 쓰고 나서〉 중에서

February 06

읽으면 읽을수록
차가운 내 마음에
따스한 물이 고여 오는
성서와 함께
사랑하는 마음으로
이웃을 대하노라면
사랑은 또 사랑을 낳아
나의 삶을 사랑이게 합니다

〈성서와 함께〉 중에서

November 25

꽃씨의 돌고 도는 여행처럼
사랑 또한 돌고 도는 것임을
엄마의 마음으로 알아듣고
꽃물이 든 기도를 바치면서
한 그루 꽃나무가 되겠습니다

〈엄마의 꽃씨〉 중에서

February 07

시린 두 손으로 햇볕을 끌어내려
새봄의 속옷을 짜는
겨울의 지혜

〈겨울 산길에서〉 중에서

아프도록 순수한 영혼 속의 대화를
침묵 속에 빛나는 기도의 영원함을
날마다 조심스레 일깨우는 당신이여

〈나의 별이신 당신에게〉 중에서

February 08

쓰레기통 옆에 핀
보랏빛 엉겅퀴의
강인한 모습과도 같이,
진실한 사랑은
언제 어디서나 그렇게 당당하면서도 겸손하다.

〈사랑은 어디서나〉 7 중에서

November 23

겨울을 재촉하는 가을비.
빗속에서 내가 듣고 싶은 음악은 꼭 하나밖에 없습니다.
내 마음의 창을 열고 조용히 들어서는
당신의 그 낮은 목소리.

〈가을 편지〉 32 중에서

February 09

참으로 아름다운 언어의 집을 짓기 위해
언제나 기도하는 마음으로
도를 닦는 마음으로 말을 하게 하소서
언제나 진실하고
언제나 때에 맞고
언제나 책임 있는 말을
갈고닦게 하소서

〈말을 위한 기도〉 중에서

November 22

사랑한다 말로만 익혀 온 나의 헛맹세를
진정 용서해 주십시오.

〈큰 소리로 말씀치 않으셔도〉 5 중에서

February 10

내가 죽기 전
한 톨의 소금 같은 시를 써서
누군가의 마음을
하얗게 만들 수 있을까
한 톨의 시가 세상을
다 구원하진 못해도
사나운 눈길을 순하게 만드는
작은 기도는 될 수 있겠지

〈작은 소망〉 중에서

November 21

살아 있는 나날
당신과 함께
기쁨으로 집을 짓게 하소서
당신이 사랑하는 많은 사람들을
이 집에 데려오는 기쁨으로
행복하게 하소서

〈기쁨이신 예수님께〉 중에서

February 11

당신을 기억하는 순간은 생손 앓는 밤
그러나 당신이 주신 어둠은
가시 돋친 슬픔을 뽑아
장미를 피워내는 사랑입니다

〈아가雅歌〉 중에서

November 20

열심히 해독하려
애쓰면 애쓸수록
고통은 늘어나고
삶은 더 복잡해져
나는 그냥
철모르는 어린이처럼
단순해지기로 했지

〈인생 학교〉 중에서

하루를 시작하며
세수하는 나의 얼굴 위에도
아침 인사를 나누는
식구들의 목소리에도
길을 나서는
나의 신발 위에도
시간은 가만히 앉아
어서 사랑하라고 나를 재촉하네요

〈시간의 선물〉 중에서

November 19

세상에서 할 수 있는
사랑과 기도의
아름다운 말
향기로운 모든 말
깊이 접어두고
침묵으로 침묵으로
나를 내려가게 하는
가을바람이여

〈가을바람〉 중에서

February 13

진정 사랑하면
삶이 곧 빛이 되고 노래가 되는 것을
나날이 새롭게 배웁니다

〈새해 첫날의 소망〉 중에서

November 18

지워지지 않는 그리움을 가슴에 묻고
나직이 죽은 이를 불러보는 낙엽의 계절
우리는 이제 뉘우침의 눈물을 닦고
희망의 첫 삽에 기도를 담습니다, 주님

〈우리를 흔들어 깨우소서〉 중에서

February 14

살아 있는 것 자체가 희망이고
옆에 있는 사람들이
다 희망이라고
내게 다시 말해주는
나의 작은 희망인 당신
고맙습니다

〈희망은 깨어 있네〉 중에서

November 17

구름도 흐르고
물도 흐르고
시간도 흐르고

아픔도 흐르고
슬픔도 흐르고

흐르는 것은
다 아름답네

〈흘러야 산다〉 중에서

흐르는 세월
흐르는 마음
흐르는 사람들

진정
흐르는 삶만이
나를 길들이네

〈흐르는 삶만이〉 중에서

때로는 눈물도
선물이 된다는 걸
너를 사랑하며 알았어

눈물도 아름다운
사랑의 표현임을
네가 가르쳐주었어

〈벗에게 1〉 중에서

February 16

기도할 때 내 마음은 하늘이 됩니다
슬픔과 뉘우침의 말들은 비가 되고
기쁨과 사랑의 말들은 흰 눈으로 쌓입니다
때로는 번개와 우박으로 잠깐 지나가는 두려움
때로는 구름이나 노을로 잠깐 스쳐가는 환희로
조용히 빛나는 내 기도의 하늘
이 하늘 위에 뜨는 해 · 달 · 별, 믿음 · 소망 · 사랑

〈기도할 때 내 마음은〉 2 중에서

November
15

당신이 그리울 때마다
내 마음은 열리는 가을 하늘,
그 누구도 닫지 못하는 푸른 하늘입니다.

〈가을 편지〉 9 중에서

February 17

갈수록 살기 힘들어도
절망하지 말아야지
밥을 뜸 들이는 기다림으로
모락모락 피어오르는 희망으로
내일의 식탁을 준비해야지

〈쌀 노래〉 중에서

November 14

조용히 겨울을 넘겨보는
십일월의 나무 위에
연처럼 걸려 있는
남은 이야기 하나

〈십일월에〉 중에서

그가 처음으로 내게 왔을 제
나는 이미
그의 것이었네

〈사랑〉 중에서

November 13

고마운 오늘을
출렁이면서

기쁨의 내일을
가자고 한다

〈저녁 강가에서〉 중에서

봄이 일어서니
내 마음도
기쁘게 일어서야지
나도 어서
희망이 되어야지

〈입춘 일기〉 중에서

눈물 가운데도
나를 겸손히 일어서게 한
슬픔에게 인사하리

〈슬픔이 침묵할 때〉 중에서

제 하루의 작은 여정에서
제가 만나는 모든 이의 말과 행동을
건성으로 들어 치우거나
귀찮아하는 표정과 몸짓으로
가로막는 일이 없게 하소서

〈듣게 하소서〉 중에서

November **11**

갑자기 차가워진 날씨 때문인지
어제부터 추위가 안에서 밖으로 나오는 느낌.
밖에서 오는 추위보다
안에서 나오는 추위가 더 힘든 것 같다.
몸 안에 냉기가 가득한 것은 나도 어찌해볼 도리가 없어
이런저런 궁리를 해보지만
그냥 견디다 보면 또 따뜻한 계절이 올 것이니
희망을 가지자.

〈2011년 일기〉 중에서

February 21

내 지나온 날들을
빨래처럼 꼭 짜서
햇살에 널어두고 봅니다

바람 속에 펄럭이는
희로애락이
어느새 노을빛으로
물들어 있네요

〈어느 노인의 고백〉 중에서

친구야, 너는
나의 고운 그림자
나를 나이게 하는 꿈
부를수록 새로운 노래임을

〈친구야, 너는〉 중에서

February 22

사랑도 사계절처럼 돌고 도는 것.
계절마다 조금씩 다른 빛을 내지만 변함없이 아름답다.
처음이 아닌데도 처음인 듯 새롭다.

〈사랑은 어디서나〉 5 중에서

사랑하는 이여,
나는 당신을 쉬게 하고 싶습니다.
피곤에 지친 당신을 가을의 부드러운 무릎 위에 눕히고,
나는 당신의 혼魂 속으로 깊이 들어가
오래오래 당신을 잠재우는 가을바람이고 싶습니다.

〈가을 편지〉 29 중에서

February 23

날마다
먼지를 쓸고 닦는 일은
나를 쓸고 닦는 일

〈청소 시간〉 중에서

한 번씩
욕심을 버리고
미움을 버리고
노여움을 버릴 때마다
그래그래
고개 끄덕이며
순한 눈길로
내 마음에 피어나는
기쁨 꽃, 맑은 꽃

〈기쁨 꽃〉 중에서

February 24

새소리 들으며
새처럼 가벼운 마음으로
봄 인사 드립니다

계절의 겨울
마음의 겨울
겨울을 견디느라
수고 많으셨습니다

〈봄 인사〉 중에서

November 07

무너지진 말아야지
아픔이 주는 쓸쓸함을
홀로 견디며 노래할 수 있을 때
나는 처음으로
삶을 껴안는 너그러움과
겸허한 사랑을 배우리

〈병상 일기 1〉 중에서

February 25

이제 많은 말을 접어두고
오직 당신의 이름만을
끊임없이 부르렵니다
제가 좋아하는 노래의 후렴처럼
언제라도 쉽게 기억되는
당신의 그 이름이
저에겐 가장 단순하고 아름다운
기도의 말이 되게 하십시오

〈다시 드리는 기도〉 중에서

숲과 바다를 흔들다가
이제는 내 안에 들어와
나를 깨우는 바람

〈가을바람〉 중에서

February 26

살아 있어 꿈을 꾸고
꿈이 있어 행복하다고
나는 말하리

〈꿈길에서 1〉 중에서

November **05**

그토록
찰나적인 만남을
애타게 기다리며
세월이 흐릅니다

당신을 향한
나의 그리움은
식을 줄 모르는
놀라움이군요

〈번개 연가〉 중에서

February 27

감사하는 마음은 기도하는 마음입니다.
자신의 한계를 인식하며
하느님과 이웃의 도움을 청하는 빈 마음,
호흡하듯 끊임없이 기도하는 마음 안에
열려진 넓이와 깊이로
감사는 마침내 큰 사랑으로 이어지고
오늘에서 영원으로 이어지는 삶의 축제가 될 것입니다.

〈감사하는 마음은〉 중에서

November 04

나뭇잎에 들어 있는
바람과 햇빛과
별빛과 달빛의 이야기를
풀어서 읽는 것만으로도
행복합니다

〈나뭇잎 러브레터〉 중에서

태초부터 나의 영토는
좁은 길이었다 해도
고독의 진주를 캐며
내가
꽃으로 피어나야 할 땅

〈민들레의 영토〉 중에서

November

03

마주 앉은 가족의 눈 속에서
사랑의 언어를 꺼내
양식을 삼는
어느 아침

〈어느 아침〉 중에서

누군가에게 다가가
봄이 되려면
내가 먼저
봄이 되어야지

〈입춘 일기〉 중에서

November 02

당신의 말은 나비가 되어
나의 하늘에서 춤을 추고
그것은 또 꽃이 되어
내 마음 밭에 피고
하나의 별이 되어
어둔 밤을 밝힙니다

〈가신 이에게〉 중에서

March 01

우리는 늘 행복합니다
혼자가 아니라 함께 걷는 이 길에서
메마름을 적시는 자비의 마음,
어둠을 밝히는 사랑의 손길이
더 많이 더 정성스럽게
빛을 밝히는 세상에 살고 있어 행복합니다
그래서 힘겨운 일들 우리에게 덮쳐 와도
세상은 아직 아름답다고 노래하렵니다

〈새롭게 사랑하는 기쁨으로〉 중에서

November 01

나무가 미련 없이 잎을 버리듯
더 자유스럽게,
더 홀가분하게
그리고 더 자연스럽게 살고 싶습니다.

〈가을 편지〉 12 중에서

꽃나무 앞에 서면
갈 곳 없는 바람도
따스하여라

〈매화 앞에서〉 중에서

October 31

감사하다고 성급히 말해버리기엔
행복하다고 가볍게 말해버리기엔
부끄럽고 송구하여 숨고만 싶어지는
우리 마음의 기도는
기쁨 이전에 준비된
참회의 눈물인 것을 당신은 아십니다

〈침묵의 말씀이신 당신 앞에〉 중에서

March 03

네가 꽃을 피워
나에겐
사랑이 되고

네가 살아와서
나의 눈물은
반짝이는 구슬이 된다

〈벗에게〉 중에서

October 30

당신이 저의 꿈이었듯이
저 또한 당신의 꿈이 되고
한 송이 꽃이 되어
그 나라에 도착하고 싶습니다

〈마지막 편지〉 중에서

March 04

흰 눈이 채 녹지 않은
내 마음의 산기슭에도
꽃 한 송이 피워내려고
바람은 이토록 오래 부는 것입니까

〈삼월의 바람 속에〉 중에서

October 29

승리의 기를 흔들며 오실 당신을 위해
빈 배로 닻을 내린 나의 생애

〈아침 바다에서〉 중에서

March 05

바쁜 일손을 멈추고
잠시 하늘의 빛을 끌어내려
감사하고 싶을 때

일상의 밭에 묻혀 있는
기쁨의 보석들을 캐어내며
당신을 찬미하고 싶을 때
새로운 노래를 부르듯이
당신을 부르렵니다

〈다시 드리는 기도〉 중에서

October 28

살다 보면
내가 당신 앞에
책이 되는 순간이 있어요

대충 넘기지 말고
꼼꼼히 읽어주세요
스치지만 말고
잠시 사랑으로
머물러주세요

〈책이 되는 순간〉 중에서

March

06

바람이 정답게
꽃 이름을 부르듯이
해마다 봄이면
제일 먼저 불러보는
너의 고운 이름

〈이제는 봄이구나〉 중에서

슬픈 사람들에겐
너무 큰 소리로 말하지 말아요
마음의 말을 은은한 빛깔로 만들어
눈으로 전하고
가끔은 손잡아주고
들키지 않게 꾸준히 기도해주어요

〈슬픈 사람들에겐〉 중에서

말없이 기도하고
말없이 사랑하고
말없이 용서하면서
한결 맑아진 떳떳함으로
행복해지고 싶습니다

〈침묵 일기〉 중에서

October 26

내가 원치 않는 필름까지
낱낱이 현상해두었다가,
어느 날 내게 짓궂게 들이대는 사진사처럼
시간 앞엔 나를 조금도 속일 수 없다.
그 앞엔 참 어쩔 수 없다.

〈시간의 얼굴〉 3 중에서

March 08

부르면 빛이 되는
절대의 그
문 닫아도 들어오네

〈사랑〉 중에서

October 25

둥근달을 보니
내 마음도 둥글어지고
마음이 둥글어지니
나의 삶도 금방 둥글어지네

〈보름달 기도〉 중에서

가르쳐주시지 않아도
처음부터 알았습니다
나는 당신을 향해 날으는
한 마리 순한 나비인 것을

〈나비의 연가〉 중에서

October 24

사랑할 때 우리 모두는
단풍나무가 되나 봅니다.
기다림에 깊이 물들지 않고는
어쩌지 못하는 빨간 별,
별과 같은 가슴의
단풍나무가 되나 봅니다.

〈가을 편지〉 21 중에서

긴 겨울이 끝나고 안으로 지쳐 있던 나
봄 햇살 속으로 깊이깊이 걸어간다
내 마음에도 싹을 틔우고
다시 웃음을 찾으려고
나도 한 그루 나무가 되어 눈을 감고

〈봄 햇살 속으로〉 중에서

October 23

내가 해야 할 일
자꾸 미루는 것 어찌 알고
숲 속의 시냇물이
나를 따라오며 재촉하네

나도 흐르는데
너도 흘러라
어서 움직여라

〈숲 속에서〉 중에서

March 11

자기 도취의
부패를 막아주는
겸손은
하얀 소금

욕심을 버릴수록
숨어서도 빛나는
눈부신 소금이네

〈겸손〉 중에서

October 22

살아가는 동안은
우리도 새가 되어요
날개를 접고 쉴 때까진
땅에서도 하늘을 꿈꾸며
열심히 먼 길을 가는
아름다운 새가 되어요

〈새를 위하여〉 중에서

March 12

오늘 하루도
온유하게 녹아서
누군가에게 향기를 묻히는
정다운 벗이기를
평화의 노래이기를

〈아침의 향기〉 중에서

October
21

밑동이 잘리면서
향기 더욱 진동하는
한 그루 나무처럼
잎만 무성한 말의 가지
잘라내어
늘 향기로운 삶을
살고 싶다고
향나무 연필 깎아
일기에 적습니다

〈침묵 일기〉 중에서

봄 이야기
봄 이야기
너무 하고 싶어
잎새도 달지 않고
달려나온
네 잎의 별꽃
개나리꽃

〈개나리〉 중에서

October 20

뜰에는 한 잎 두 잎 낙엽이 쌓이고
내 마음엔 한 잎 두 잎 시가 쌓입니다.

〈가을 편지〉 11 중에서

종이에 적지 않아도
나의 삶이 내 안에서
서로 익어가는 소리를 듣는
맑은 날이 온다면

나는 비로소
살아 있는 시인이라고
감히 말할 수 있으리

〈삶과 시〉 중에서

October 19

풀잎 향기 맡으며
파란 노래 날리면
노래는 연처럼
높이 올라간다

〈잔디 위에서〉 중에서

우리가 주고받은 숱한 이야기들처럼
아름다운 조가비들을 한꺼번에 쏟아놓고,
저만치 물러나는 파도여,
사랑이여.

〈사랑은 어디서나〉 12 중에서

늘 상대방의 입장을 헤아리는
사랑의 마음으로
사랑의 말을 하게 하시고

남의 나쁜 점보다는
좋은 점을 먼저 보는
긍정적인 마음으로
긍정적인 말을 하게 하소서

〈매일 우리가 하는 말은〉 중에서

March 16

열까 말까
망설이며
굳게 닫힌
내 마음의 문을 열고 싶어
바람이 부네

〈삼월의 바람〉 중에서

말을 거듭할수록
목이 말라 찾아오는
침묵의 샘

이곳에 오래 머물러야
나는 비로소
맑고 고운 말 한 마디가
내 안에 찰랑이는
소리를 듣네

〈말과 침묵〉 중에서

March 17

시는
내 마음을 조금 더
착하게 해주었다
내 키를 조금 더
크게 해주었다
내 삶의 옷에
단추를 달아주었다

〈시는〉 2 중에서

October 16

오직 당신만을
사랑으로 선택했기에
사랑으로 열린 길
이 길을 따라
오늘도
노래하며 걸어가게 하소서

〈길이신 예수님께〉 중에서

March
18

너무 작게 숨어 있다고
불완전한 것은 아니야
내게도 고운 이름이 있음을
사람들은 모르지만
서운하지 않아

〈풀꽃의 노래〉 중에서

오직 당신으로 하여
오늘도 푸성귀처럼 푸르고 싱싱해진 이 마음의 뜨락에
당신은 어서 주인으로 오십시오.

〈가을 편지〉 31 중에서

친구여 오십시오

은총의 빛으로 닦아
더욱 윤이 나는
나의 하얀 주전자에
기도의 물을 채워 넣고
오늘은
녹차를 끓이듯이
푸른 잎의
그리움을 끓입니다

〈초대의 말〉 중에서

고개가 아프도록
별을 올려다본 날은
꿈에도 별을 봅니다

반짝이는 별을 보면
반짝이는 기쁨이
내 마음의 하늘에도
쏟아져 내립니다

〈별을 보며〉 중에서

큰 소리로 말씀치 않으셔도 들려옵니다.
나의 자그만 안뜰에 남몰래 돋아나는 향기로운 풀잎,
당신의 말씀,
그 말씀 아니시면
어떻게 이 먼 바다를 저어 갈 수 있겠습니까.

〈큰 소리로 말씀치 않으셔도〉 1 중에서

October 13

지금껏 살아온 날들이
힘들고 고달팠어도
함께 고마워하고
앞으로 살아갈 날들이
조금은 불안해도
새롭게 기뻐하면서
우리는 서로에게
부담 없이 서늘한 가을바람
가을 하늘 같은 사람이 되기로 해요

〈내 마음의 가을 숲으로〉 2 중에서

March 21

이젠 다시 사랑으로
마음을 넓히며
사랑의 길을 걷게 해주십시오

〈이젠 다시 사랑으로〉 중에서

October 12

그와 함께 살아감으로
온 세상이 너의 것임을 잊지 말아라
모든 이가 네 형제임을 잊지 말아라

〈수녀 1〉 중에서

March 22

밤낮의 아픔들이 모여
꽃나무를 키우듯
크고 작은 아픔들이 모여
더욱 향기로운 삶을 이루는 거라고

〈어느 꽃에게〉 중에서

October 11

하늘엔 흰 구름
땅에는 꽃과 나무

날마다 새롭게
피었다 지는 동안
나도 날마다 새롭게
피었다 지네

〈세월〉 중에서

사랑은
둘이서 만드는 노래

듣는 이 없어도
지칠 줄 모르고

기쁠 때도 슬플 때도
함께 부르는 노래는
끝이 없습니다

〈둘이서 만드는 노래〉 중에서

October 10

사랑에 무너져 신음하는 세상과
자신을 아낌없이 내어 놓지 못하는
우리 마음 사이에서
우리는 종종 하느님의 울음소릴 듣습니다

〈주님의 오심으로〉 중에서

March
24

보이는 것
들리는 것 모두
풀빛으로 노래로
물드는 봄

〈풀물 든 가슴으로〉 중에서

October 09

빛바랜 시집,
책갈피에 숨어 있던 이십 년 전의 단풍잎에도
내가 살아온 가을이 빛나고 있습니다.

〈가을 편지〉 8 중에서

오늘 하루의 길 위에서
제가 더러는 오해를 받고
가장 믿었던 사람들로부터
신뢰받지 못하는 쓸쓸함에
눈물 흘리게 되더라도
흔들림 없는 발걸음으로 길을 가는
인내로운 여행자가 되고 싶습니다

〈오늘을 위한 기도〉 중에서

October 08

이 가슴 안에서
올올이 뽑은 고운 실로
당신의 비단 옷을 짜겠습니다

〈해바라기 연가〉 중에서

사랑은 씀바귀 맛.
누구도 처음엔 그 맛을 제대로 알지 못한다.
가는 세월 아끼며,
조심스레 씹을수록 제맛을 안다.

〈사랑은 어디서나〉 9 중에서

October 07

넘치도록 받은 사랑
말로는 다 못하니
둥근달로 떠서
위로가 필요한 이들에게
고요한 달빛으로 스며드는
고요한 사랑이 될 수 있다면
그럴 수만 있다면
얼마나 좋을까

〈달빛 일기〉 중에서

혼자서 길을 가다 보면
보이지 않게 나를 흔드는
당신이 계시기에
나는 먼 데서도
잠들 수 없는 삼월의 바람
어둠의 벼랑 끝에서도
노래로 일어서는 삼월의 바람입니다

〈삼월의 바람 속에〉 중에서

October 06

가장 짧은 말로
가장 깊은 기도를
바치게 하소서

〈하느님 당신은〉 중에서

March 28

아직 그 누구도 밟지 않은 하얀 새벽길,
그곳에 비로소 설레는 나의 하루가 있다.

〈나의 시〉 중에서

October 05

나이 들수록 시간은
두려움의 무게로 다가서지만
이제 그와는 못할 말이 없다.
슬픔도, 기쁨도, 사랑도, 미움도
그에겐 늘 담담한 목소리로 말할 수 있다.

〈시간의 얼굴〉 2 중에서

March 29

아름답다고 말하는 동안은
나도 잠시 아름다운 사람이 되어
마음 한 자락이 환해지고

좋은 말이 나를 키우는 걸
나는 말하면서
다시 알지

〈나를 키우는 말〉 중에서

October 04

활활 타오르는 뜨거움은 아니라도 좋아요
그저 물과 같이 담백하고 은근한 우정을
세상에 사는 동안 잘 가꾸려 애쓰다 보면
어느새 큰 사랑이 된다는 것
오늘도 잊지 마세요

〈어떤 죽은 이의 말〉 중에서

March 30

우리가 아직 살아 있음을
혼자가 아님을 확인하기 위하여
때로는 편지를 써야 하리

〈편지 쓰기〉 중에서

October 03

주님 저로 하여금
자신을 잘 듣는 사람이 되게 하소서

나를 잘 듣는 사람만이
남을 잘 들을 수 있음을
당신을 잘 들을 수 있음을
거듭 깨우치게 하소서

〈듣게 하소서〉 중에서

March 31

창문을 열면
언제라도 들어와
무더기로 쏟아내는
네 초록빛 웃음에 취해
나도 바람이 될까

〈바람에게〉 중에서

October **02**

사람은 늙어가도 늙지 않는 사랑.
세월은 떠나가도 갈 줄 모르는 사랑.
나는 그를 절대로 숨길 수가 없습니다.

〈가을 편지〉 22 중에서

April 01

먼 데서도 날아오는 꽃향기처럼
봄바람 타고
어디든지 희망을 실어나르는 향기가 되자

〈꽃 이름 외우듯이〉 중에서

October 01

그에게서만은
같은 말을 수백 번 들어도 지루하지 않다.
그와 만나는 장소는 늘 같은 곳인데도 새롭기만 하다.

〈사랑은 어디서나〉 13 중에서

오늘도
한 줄기
노래가 되어
너에게 가겠다

〈너에게 가겠다〉 중에서

September 30

참으로 작아지는 겸손을 내가 배워 익힐 제
당신은 비로소 나를 받으시고
기쁨으로 이 마음을 채워주실 것입니다.

〈큰 소리로 말씀치 않으셔도〉 8 중에서

April 03

그대가 바람이어서
나도
바람이 되는 기쁨

꿈을 꾸네 바람으로
길을 가네 바람으로

〈바람의 시〉 중에서

September 29

'너는 나의 아이였지
나의 빛을 많이 마시며 컸지'
은은한 미소로 속삭이는 달

달빛처럼 고요하고
부드럽게 살고 싶어
눈물 흘리며 괴로워했던
달 아이의 지난 세월도
높이 떠오르네

〈고향의 달〉 중에서

April 04

늘 받기만 해서 미안하다고 말할 때
방긋 웃으며 내 손을 잡아 주던
따뜻한 친구야
너에게 하고 싶은 말들이 모였다가
어느 날은 한 편의 시가 되고
노래가 되나 보다

〈친구에게〉 중에서

September 28

하늘 향한 그리움에
눈이 맑아지고
사람 향한 그리움에
마음이 깊어지는 계절

〈가을 편지 1〉 중에서

April **05**

나무가 크는 동안
아기의 키도 조금씩 커 갑니다
꽃이 피고 지는 동안
아기의 마음도 조금씩 커 갑니다

〈나무가 크는 동안〉 중에서

September 27

앞으로도 멀리 가야 할 만남의 길 위에서
저의 비겁한 경계심을 무너뜨리고
당신처럼 겸허하고 자유로운
기쁨의 순례자가 되게 해주십시오

〈만남의 길 위에서〉 중에서

April 06

하나의 태양이
이 넓은 세상을
골고루 비춘다는 사실을
처음인 듯 발견한
어느 날 아침의 기쁨

〈작은 노래〉 중에서

누구라도 용서하지 않으면 안 된다고
그래야 내일의 밝은 해를 밝게 볼 수 있다고
지는 해는 넌지시 일러주며 작별 인사를 하네

〈해질녘의 단상〉 2 중에서

April 07

크신 이름이 나날이 새로 돋는
이 연둣빛 가슴에
진정 죽은 것이란 하나도 없습니다.

〈어느 봄날〉 중에서

가을엔 감이 되고 싶어요
가지 끝에 매달린 그리움 익혀
당신의 것으로 바쳐드리는
불을 먹은 감이 되고 싶어요

〈가을 노래〉 중에서

April 08

몹시 피로할 때,
밀어내려 밀어내려 안간힘 써도
마침내 두 눈이 스르르 감기고 마는 잠의 무게처럼
사랑의 무게 또한 어쩔 수 없다.
이 무게를 매일 즐겁게 받아들이며 살아갈 힘을 얻는다.

〈사랑은 어디서나〉 3 중에서

구름이 써 놓은 하늘의 시
바람이 전해 온 불멸의 음악에
당신을 기억하며
뜨겁게 타오르는
작은 화산이고 싶습니다

〈나의 별이신 당신에게〉 중에서

April 09

당신의 넓은 길로 걸어가면
나는 이미 슬픔을 잊은
행복한 작은 배

〈바다여 당신은〉 중에서

해질녘의 바다에 홀로 서서
마지막 기도처럼 어머니를 부르면,
나도 어머니가 된다.
세월과 함께 깊어가는 사랑을 어쩌지 못해
그저 출렁이고 또 출렁이는 것밖엔 달리 할 말이 없는
파도치는 가슴의 어머니가 된다.

〈해질녘의 바다에서〉 1 중에서

April 10

꽃잎 속에 접힌
너와 나의 시간들은
그대로 러브레터가 되고
떨어지는 꽃잎들은
그대로 추억이 되고

〈살구꽃 필 무렵〉 중에서

꽃이 진 자리마다
열매가 익어가네
……
가을엔
너도 나도
익어서
사랑이 되네

〈익어가는 가을〉 중에서

April 11

네가 누구인가
내가 누구인가
발견하고 사랑하며
편지를 쓰는 일은
목숨의 한 조각을
떼어주는 행위

〈편지 쓰기〉 중에서

September 21

날마다 새롭게 떠오르는
빛을 내는 해님
만나는 모든 이를
빛으로 사랑할 수 있게 해주셔서
고맙습니다

〈해를 보는 기쁨〉 중에서

April 12

기쁨은
날마다 내가 새로 만들어
끼고 다니는 풀꽃 반지
누가 눈여겨보지 않아도
소중히 간직하다가
어느 날 누가 내게 달라고 하면
이내 내어주고 다시 만들어 끼지

〈기쁨이란 반지는〉 중에서

말은 없어지고
눈빛만 노을로 타는
우리들의 가을,
가는 곳마다에서
나는 당신의 눈빛과 마주칩니다.
가을마다 당신은
저녁노을로 오십니다.

〈가을 편지〉 2 중에서

April 13

당신을 만나러 가는 길은
내 심장이 멎을까 보아
걸음을 더 빨리합니다
아무도 모르게

〈사랑〉 1 중에서

어느 계절에나
나는 네게 달려갈
준비가 되어 있단다
나의 걸음은
네게로 달려가는
내 마음보다도 빠르단다

〈바람이 내게 준 말〉 중에서

April **14**

기도할 때 내 마음은 바다로 갑니다
파도에 씻긴 흰 모래밭의 조개껍질처럼 닳고 닳았어도
늘 새롭기만 한 감사와 찬미의 말을
한꺼번에 쏟아 놓으면
저 수평선 끝에서 빙그레 웃으시는 나의 하느님

〈기도할 때 내 마음은〉 1 중에서

September 18

하늘이
구름을 떼어
푸른 들판에
점점이 쏟아놓은
하얀 웃음 물결

〈메밀꽃밭에서〉 중에서

April 15

봄마다 앓아눕는
우리들의 지병은 사랑

〈진달래〉 중에서

September 17

주님, 제 삶의 자리에서
누구도 대신 울어줄 수 없는 슬픔과
혼자서만 감당해야 할 몫의 아픔들을
원망보다는 유순한 마음으로 받아들이며
더 깊이 고독할 줄 알게 해주십시오

〈다시 드리는 기도〉 중에서

April 16

우리 모두
이기심의 무덤을 빠져나와
어디든지 희망으로 달려가는
하늘빛 바람이 되게 해주십시오

〈부활절의 기도 2〉 중에서

September 16

나는 더없이 부드럽고
따뜻하게 열려 있는
엄마 밭이 되고 싶다
흙의 시가 되고 싶다

〈밭도 아름답다〉 중에서

April 17

내 부끄러운 길을
빛 부신 사랑으로 씻어 주신 님
이제는 결코
놓치지 않으렵니다

〈부활의 아침〉 중에서

하늘의 흰 구름이
나에게 말했다

흘러가는 것을 두려워하지 마라
흐르고 또 흐르다 보면
어느 날
자유가 무엇인지 알게 되리라

〈가을의 말〉 중에서

April 18

우리 서로 사랑하면
언제라도 봄

〈꽃 이름 외우듯이〉 중에서

September 14

죽음이 모든 것을 무無로 돌린다 해도
진실히 사랑했던 그 시간만은 영원히 남지.

〈시간의 얼굴〉 15 중에서

April 19

나는 생애의 바다 가운데서
겸허와 진실의 해초를 뜯어내고 싶습니다.
순간 속에 영원을 사는
'행복'이란 진주를 캐어 내고 싶습니다.

〈큰 소리로 말씀치 않으셔도〉 4 중에서

September 13

빛나는 얼굴 눈부시어
고개 숙이면
속으로 타서 익는 까만 꽃씨
당신께 바치는 나의 언어들

〈해바라기 연가〉 중에서

April 20

봄에도 바람의 맛은 매일 다르듯이
매일을 사는 내 마음의 빛도
조금씩 다르지만
쉬임 없이 노래했었지

〈봄 일기〉 중에서

가을은
나를 안은
유리 항아리

눈을 감아도
하늘 고이네
물이 고이네

〈가을〉 중에서

세상에 살아 있는 동안은
몸도 아프고 마음도 아프면서
하루하루를 견디는 것이겠지
세상은 눈물로 이어지는
하나의 강이 아닐까
기쁨 역시
눈물 속에 태어나는 선물인 거야

〈아픈 날의 고백〉 중에서

걷지 않고 뛰어도
사랑은 늘
모자라는 시간

더 높이
날고 싶어라

〈그네뛰기〉 중에서

April 22

밀물이 오면 썰물을,
꽃이 지면 열매를,
어둠이 구워내는 빛을
기다리며 살겠습니다.

〈기다리는 행복〉 중에서

September 10

주여,
이제는 나도 당신처럼
어질고 아프게 스스로를 비우는 겸손의 나무이게 하소서.
아낌없이 비워냈기에 가슴속엔 지혜의 불을 지닌
당신의 나무로 서게 하소서.

〈가을 편지〉 25 중에서

April 23

기도하기 힘든 날은
빨래를 하십시오
몇 차례 빨래를 헹구어내는
기다림의 순간을 사랑하다 보면
저절로 기도가 된답니다

〈빨래를 하십시오〉 중에서

September 09

꽃이 지고 나면
비로소 잎사귀가 보인다
잎 가장자리 모양도
잎맥의 모양도
꽃보다 아름다운
시詩가 되어 살아온다

〈잎사귀 명상〉 중에서

April 24

빛보다 어둠 짙은 세상에 안겨
바보처럼 숨어서 울지도 못하는
약자의 설움을 가엾이 여겨주십시오

〈당신이 왕이라면〉 중에서

September 08

물속에 달 속에
내 맘속에
고요히 잠겨 있어도
움직이는 시간들

〈시간은〉 중에서

April 25

내가 살아 있는 그만큼만
시간은 내게 와서 꽃으로 피네
기다리고 또 기다리고
흐르고 또 흐르면서
내가 살아 있는 그만큼만
시간은 생명이 되네

〈시간은〉 중에서

September 07

당신이 내게 주신 가을 노트의 흰 페이지마다
나는 서투른 글씨의 노래들을 채워넣습니다.
글씨는 어느새 들꽃으로 피어서
당신을 기다리고 있습니다.

〈가을 편지〉 1 중에서

April 26

사랑하면 언제나 새 얼굴이 된다.
엄마의 목을 끌어안고 입맞춤하는 어린아이처럼
언제나 모든 것을 신뢰하는 맑고 단순한 새 얼굴이 된다.

〈사랑은 어디서나〉 2 중에서

September 06

황홀한 아침을
전신全身으로 쏟아내는 당신 앞에
나는 몸부림치며 부서지는
숙명의 파도입니다

〈아침 바다에서〉 중에서

April 27

꽃씨만 한 행복을 이마에 얹고
바람한테 준 마음 후회 없어라
혼자서 생각하다 혼자서 별을 헤다
땅에서 하늘에서 다시 피는 민들레

〈민들레〉 중에서

이토록
고요한 빛
출렁이는 밤

나는 둥근달로 떠서
누구에게
사랑한다 말할까
누구에게
용서한다 말할까

〈달밤〉 중에서

차운 밤 밀물 소리
살포시 안개 속을
오시는 당신 위해

남은 목숨
고이
빛이 되는 사랑이여

〈당신을 위해 내가〉 중에서

September 04

나는 당신의 살아 있는 연필
어둠 속에도 빛나는 말로
당신이 원하시는 글을 쓰겠습니다

〈살아 있는 날은〉 중에서

엄마
봄은 또 어디 있어요?
가만히 귀를 모으면
엄마의 가슴에도
나의 마음에도 가득히
푸른 물결 지으며
출렁이고 있나 봐요

〈봄은 어디 있을까〉 중에서

September 03

내 마음 안에
이렇듯 깊은 우물 하나
숨어 있는 줄을 몰랐다

네가 나에게
사랑의 말 한마디씩
건네줄 때마다
별이 되어 찰랑이는 물살

〈사랑에 대한 단상〉 3 중에서

April 30

꽃 이름 외우듯이
서로의 이름을 불러주는 즐거움으로
우리의 첫 만남을 시작하자

〈꽃 이름 외우듯이〉 중에서

September 02

오래 참고 기다리는 법을 배우고 싶거든
차를 마셔요, 우리

뜻대로만 되지 않는 세상일들
혼자서 만들어 내는 쓸쓸함
남이 만들어 준 근심과 상처들을
단숨에 잊을 순 없어도
노여움을 품지 않을 수 있는
용기를 배우며 함께 차를 마셔요

〈차를 마셔요, 우리〉 중에서

May 01

보이는 것도 들리는 것도
모두 초록빛 기도로 물이 드는 오월,
어머니를 부르는 저희 마음에도
초록의 숲이 열리고 바다가 열립니다

〈오월의 성모님께〉 중에서

September 01

가을이 하는 말을 나는 다 알아들을 수 있을까.
저 푸른 하늘이 나에게 하는 말을
나는 생전에 다 들을 수 있는 것일까.
이 가을은 나에게 너무도 맑고, 깊고, 높고, 넓다.

〈2014년 일기〉 중에서

May 02

잠을 자고 또 자도
자야 할 잠이 아직도 남아 있듯이
사랑하고 또 사랑해도
해야 할 사랑이
많이 남아 있네요

〈잠과 사랑〉 중에서

August 31

당신은 내게
잃었던 꿈을 찾아줍니다
다정한 눈길을 주지 못한 나의 일상日常에
새 옷을 입혀줍니다

〈희망에게〉 중에서

May 03

내가 철이 없어
너무 많이 엎질러놓은
젊은 날의 그리움이

일제히 숲으로 들어가
꽃이 된 것만 같은
아카시아꽃

〈아카시아꽃〉 중에서

August 30

바다를 보고 와서
나는
만나는 사람들을
더 넓게 사랑한다
더 넓게 용서한다

〈꿈에 본 바다〉 중에서

May 04

푸른 보리를 키우는
오월의 대지처럼
나를 키우는 당신

가슴에 새를 앉히는
오월의 미루나무처럼
나를 받아주시는 당신

〈오월의 아가〉 중에서

August 29

내 마음에 맺히는
기쁨의 빗방울
영롱한 진주로 키워
어느 날 다시
너에게 보내줄게

〈비도 오고 너도 오니〉 중에서

May 05

엄마를 부르는 동안은
나이 든 어른도
모두 어린이가 됩니다

〈엄마를 부르는 동안〉 중에서

August 28

말을 많이 해서
나도 모르게 금이 간
내 마음의 유리창을
이제사 침묵으로
갈아 끼우면서
왠지 눈물이 나려 합니다

〈침묵 일기〉 중에서

아침에 눈을 뜨며
작은 기쁨을 부르고
밤에 눈을 감으며
작은 기쁨을 부르고

〈작은 기쁨〉 중에서

August 27

칼끝 같은 가위로도
도려낼 수 없는

아득하고 아득한
너를 향해
펼쳐진 마음

〈가위질〉 중에서

May 07

자신의 모든 것을 남과 비교하느라
갈 길을 가지 못하는 어리석음으로
오늘을 묶어 두지 않게 하소서

〈오늘을 위한 기도〉 중에서

August 26

"용서하세요"라는 말은
부끄러워 스러지는
겸허한 반딧불빛
나를 비우려고
내가 작아지는 빛

〈말의 빛〉 중에서

May 08

고요한 기도였다가
흐르는 음악이었다가
한 송이 꽃이었다가
한 줄기 햇살이었다가
마침내 내 안에
그리움으로 스며들어
나를 부르고 또 부르시는
단 한 분의 지극한 사랑, 어머니

〈더 생생한 모습으로〉 중에서

August 25

벗이여
우리에게 마침내 가야 할 집이 있음은
얼마나한 위로입니까

〈편지〉 중에서

비바람을 견뎌내고
튼튼히 선 한 그루 나무처럼
오늘이란 땅 위에 선 사람도
어쩔 수 없이 슬픔을 견뎌내야
조금씩 철이 드나 보다

〈해질녘의 단상〉 3 중에서

August 24

사람들이 날마다
해를 보고 사는 것처럼
엄마를 보고 사는 건
우리의 제일 큰 기쁨이어요

〈해바라기 마음〉 중에서

May 10

내 뾰족한 가시들이 남에게
큰 아픔 되지 않게 하시며
나를 위한 고뇌 속에
성숙하는 기쁨을
알게 하소서

〈장미의 기도〉 중에서

August 23

아침이 열어준 문을 열고
사랑할 준비를 한다
죽음보다 강한
사랑의 승리자가 되어
다시는
죽음을 두려워하지 않을 수 있는
용기를 구하면서
지혜를 청하면서
나는 크게 웃어본다

〈어느 날의 단상 1〉 중에서

May 11

언젠가는 풀기 위해
감아두는 나의 꿈

〈달팽이 노래〉 중에서

August 22

사랑과 용서와 기도의 일을
조금씩 미루는 동안
세월은 저만치 비켜 가고
어느새 죽음이 성큼 다가옴을
항시 기억하게 하십시오

〈다시 시작하는 기쁨으로〉 중에서

May 12

육신과 영혼의 곳간을 사랑의 알곡으로
채우실 분은 당신이오니
우리의 걸음이 흔들릴 때마다
우리가 더욱 당신을 바라보게 하소서
당신을 듣고 보고 갈망하게 하소서

〈길이신 이여 오소서〉 중에서

August 21

여름엔
꼭 한 번 바다에 가고 싶다
바다에 가서
오랜 세월 파도에 시달려온
섬 이야기를 듣고 싶다

침묵으로 엎디어 기도하는 그에게서
살아가는 법을 배워오고 싶다

〈여름 일기 1〉 중에서

오늘은 나도 이야기하려네
함께 사는 삶이란 힘들어도
서로의 다름을 견디면서
서로를 적셔주는 기쁨이라고—

〈비가 전하는 말〉 중에서

August 20

당신 아닌 누구도
치유할 수 없는
내 불치의 병은
사랑

〈해바라기 연가〉 중에서

May 14

내가 그에게 보내는 사랑의 말은
오월의 유채꽃밭에 날아다니는 한 마리의 흰나비와 같다.
수많은 나비들과 한데 어울려 춤을 추어도
그는 내 모습을 용케 알아차린다.

〈사랑은 어디서나〉 10 중에서

나는 그만
그 하늘에 빠지고 말았네

내 몸에 내 혼에
푸른 물이 깊이 들어
이제
다른 옷은
입을 수가 없네

〈다른 옷은 입을 수가 없네〉 중에서

May 15

나는 밤낮으로 여울지는
끝없는 강물

흐르지 않고는
목숨일 수 없음에

오늘도 부서지며
넘치는 강입니다

〈강〉 중에서

August 18

당신은 늘 나를 무릎에 앉히는 너그러운 산.
내 모든 잘못을 사랑으로 덮으며
오늘도 나를 위해 낮게 내려앉는 산.
나를 당신께 드립니다.
나도 당신처럼 높여주십시오.

〈가을 편지〉 17 중에서

May 16

굳게 닫힌 내 마음의 빗장을
어떻게 열고 오십니까

나의 허락도 없이
뚜벅뚜벅 나그네로
빈방을 채우러 오시는 당신

〈불망不忘의 날에〉 3 중에서

August 17

어떠한 슬픔 속에서도
이 세상에 살아 있는 동안은
오직 사랑만이 기도이며
사랑만이 영원하다는 것을
그대들의 삶으로
보여 주십시오

〈사랑의 사람들이여〉 중에서

May 17

예쁘다고
예쁘다고
내가 꽃들에게
말을 하는 동안
꽃들은 더 예뻐지고

〈꽃과 나〉 중에서

August 16

그 푸른 빛이 너무 좋아
창가에서 올려다본
나의 하늘은
어제는 바다가 되고
오늘은 숲이 되고
내일은 또
무엇이 될까

〈나의 하늘은〉 중에서

서로 먼저 용서하는 어진 마음과
이기심을 버리는 겸허한 사랑만이
우리를 한데 묶어 준다는 것을
잠시도 잊지 말고
우리는 모두 숨어서도
빛을 발하는 별이 되어야 하리
죽음을 두려워하지 않는 큰 사랑으로
상처받은 겨레를 끌어안으며
온전히 타 버리는 푸른 별이 되어야 하리

〈우리는 하나 되어야 하리〉 중에서

August 15

사랑한다 하면서도
아직 다는 사랑하지 못한 마음
바친다고 하면서도
아직 다는 바치지 못한
우리의 마음들을 드리고자 합니다

〈성모님께 바치는 시〉 중에서

May 19

꽃에 가려져도 주눅 들지 않고
늘 당당한 신록의 잎새들
잎새처럼 싱그러운 사랑을
우리도 마침내
삶의 가지 끝에
피워올려야 한다고……

〈숲에서 쓰는 편지〉 2 중에서

August 14

스치기만 하여도 평화가 느껴지시는 분
돌아서면 이내 다시 보고 싶어지는 그 미소가
그리움으로 이어지게 만드는 하느님의 사람
당신은 누구십니까
어찌 그리 많은 이들에게 빛이 되십니까

〈사랑을 남기신 프란치스코 교황님께〉 중에서

May 20

헤어지고 싶다가도
헤어지고 나면
금방 보고 싶은 사람들
주고받은 상처를
서로 다시 위로하며
그래, 그래 고개 끄덕이다
따뜻한 눈길로 하나 되는 사람들

〈우리 집〉 중에서

August
13

어디에 숨어 있다가
이제야 달려오는가
함께 있을 땐 잊고 있다가도
멀리 떠나고 나면
다시 그리워지는 바람

〈바다로 달려가는 바람처럼〉 중에서

웃음도 좋지만
눈물도 좋다
사람이 때에 맞게
울 수 있는 것도
축복이다

〈눈물 예찬〉 중에서

새들도 쉬러 가고
사람들은 일터에서
집으로 돌아가는 겸허한 시간
욕심을 버리고 지는 해를 바라보면
문득 아름다운 오늘의 삶
눈물 나도록 힘든 일이 없는 건 아니지만
견디고 싶은 마음이
고마움이 앞서네

〈해질녘의 단상〉 2 중에서

May 22

몹시 슬프고 답답할 때면
어머니의 이름을 부르는 것만으로도
은혜로운 기도입니다

〈어머니, 당신의 오월이 오면〉 중에서

꽃이여
어서 와서
한 송이의 사랑으로
머물러다오

〈빈 꽃병의 말 1〉 중에서

적당히 숨기려 해도
자꾸만 웃음으로
빠져나오네

억지로 찾지 않아도
이제는 내 안에
뿌리박힌 그대

〈고마운 기쁨〉 중에서

근심 걱정 다 잊어버린
맑고 단순한 평화
꿈나라에서
다시 만들어
아침을 맞이할 수 있기를

오늘도 겸허히
두 손 모읍니다

〈밤 기도〉 중에서

May 24

사랑할 때 우리 마음은
바닥이 나지 않는 선물의 집
……
다른 이의 눈엔 더러
어리석게 보여도 개의치 않고
언어로, 사물로 사랑을 표현하다
마침내는 존재 자체로
선물이 되네, 서로에게

〈선물의 집〉 중에서

August 09

우리의 삶은
늘 찾으면서 떠나고
찾으면서 끝나지

〈여행길에서〉 중에서

May 25

"사랑합니다"라는 말은
억지 부리지 않아도
하늘에 절로 피는 노을빛
나를 내어주려고
내가 타오르는 빛

〈말의 빛〉 중에서

August 08

바다라는 말만 들어도
가슴이 탁 트이고
산이라는 말만 들어도
한 줄기의 푸른 바람이
이마의 땀을 식혀 주는 한여름
저희는 파도에 씻기는 섬이 되고
숲에서 쉬고 싶은 새들이 됩니다

〈휴가 때의 기도〉 중에서

May 26

제 작은 머릿속에 들어찬
수천 갈래의 생각들도
제 작은 가슴속에
풀잎처럼 돋아나는 느낌들도
오늘은 더욱 새롭고
제가 서 있는 이 자리도
함께 살아가는 이들도
오늘은 더욱
가깝게 살아옵니다

〈오늘을 위한 기도〉 중에서

바다 건너
네가 보내는
한 가닥의 빛만으로도
설레이누나

〈보름달에게 2〉 중에서

오래오래 별을 올려다보면
별마음이 됩니다
하늘 높이 떠서도 뽐내지 않고
소리없이 빛을 뿜어 내는
한 점 별처럼

〈꽃마음 별마음〉 중에서

누구를 원망하면
상처가 된다는 것을 알기에
가만히 가만히
내가 나를 다독이며
기다리다 보면
조금씩 치유가 되지
슬그머니 아픔이 사라지지

〈마음이 아플 때〉 중에서

May 28

앉아서도 멀리 갈게요
노래를 멈추지 않는 삶으로
겸손한 향기가 될게요

〈꽃의 말〉 중에서

August 05

세상은
편지로 이어지는
길이 아닐까

그리운 얼굴들이
하나하나
미루나무로 줄지어 서고
사랑의 말들이
백일홍 꽃밭으로 펼쳐지는 길

〈우체국 가는 길〉 중에서

May 29

사랑이란 말에는
태풍이 들어 있고,
화산이 들어 있다.
미풍이 들어 있고
호수가 들어 있다.

〈사랑은 어디서나〉 8 중에서

August 04

당신은 늘 나를 용서하는 어진 바다입니다.
내 모든 죄를 파도로 밀어내며
온몸으로 나를 부르는 바다.
나도 당신처럼 넓혀주십시오.
나의 모든 삶이 당신에게 업혀가게 하십시오.

〈가을 편지〉 16 중에서

May 30

잠시 일손을 멈추고
어린이의 눈빛으로
하늘과 언덕을 바라보고 싶다
냉이꽃만 한 소망의 말이라도
이웃과 나누고 싶다

<봄 일기> 중에서

August 03

삶이란
한바탕 쏟아졌다 어느새 지나가는 비와 같은 것.
폭풍 속에서 “큰일 났다, 큰일 났다” 말하다가도
지나고 나면 다시 개인 하늘 보며 새롭게 웃어보는—

〈비 오는 날에〉 4 중에서

May 31

세월과 함께 깊어가는
내 그리움의 바다에
가장 오랜 섬으로 떠 있는
어머니

〈어머니의 섬〉 중에서

사랑에 대해서 말하기보다
먼저 사랑을 실천할 수 있도록
생명에 대해서 말하기보다
먼저 생명을 존중할 수 있도록
우리 모두를 변화시켜 주소서, 주님

〈우리를 흔들어 깨우소서〉 중에서

June 01

유월엔 내가
사랑하는 이를 위해
더욱 살아

산기슭에 엎디어
찬비 맞아도 좋은
바위가 된다

〈유월엔 내가〉 중에서

내게 남은 날들을 더 많이 감사하며 살아야지.
기쁘게 살아야지.
"행복하다" "행복하다" 나직이 노래하면
행복이 더 확실한 모습으로 나를 안아준다.

〈2013년 일기〉 중에서

June 02

친구야,
네가 너무 바빠 하늘을 볼 수 없을 때
나는 잠시 네 가슴에 내려앉아
하늘 냄새를 파닥이는 작은 새가 되고 싶다.
사는 일의 무게로 네가 기쁨을 잃었을 때
나는 잠시 너의 창가에 앉아
노랫소리로 훼방을 놓는 고운 새가 되고 싶다.

〈작은 새가 되고 싶다〉 중에서

July 31

하늘은
희망을 고인
푸른 호수

나는 날마다
희망을 긷고 싶어
땅에서 긴 두레박을
하늘까지 댄다

〈나의 하늘은〉 중에서

사랑한다는 너의 말은
한 송이 장미로 피어나고
보고 싶다는 너의 말은
나의 빈방을 가득 채운다

〈너의 편지 받는 날〉 중에서

July 30

나에게서 당신을 빼고 나면
아무것도 남지 않을
가난뱅이 여인

〈하느님 당신은〉 중에서

June 04

당신은 내 생에 그어진 가장 정직한 하나의 선.
그리고 내 생에 찍혀진 가장 완벽한 한 개의 점.
오직 당신을 위하여 살게 하십시오.

〈가을 편지〉 18 중에서

July 29

죄스럽게 비좁은 나의 가슴을
커다란 웃음으로 용서하는 바다여
저 안개 덮인 산에서 어둠을 걷고
오늘도 나에게 노래를 다오

〈바다여 당신은〉 중에서

June 05

오직 당신을 통하여
하늘로 난 하나의 문이 열리면
나의 어둠은 조금씩
밝아지기 시작하고

어진 눈길 묵묵히 모아
당신이 계신 은하의 강가에서
가슴 적십니다 나는

〈나의 별이신 당신에게〉 중에서

아침에 눈을 뜨고
저녁에 눈을 감을 때까지
하루의 모든 순간에

사랑이 필요하고
용서가 필요하고
화해가 필요하다

〈매일의 다짐〉 중에서

June 06

결 고운 소금으로
아침마다 마음을 닦고
또 하루의 길을 가네
짜디짠 기도를 바치네

〈겸손〉 중에서

July 27

오늘은 내가
나에게 칭찬도 하고
위로도 하며
같이 놀아주려 한다
……
계속 잘하라고
힘을 내라고
거울 앞에서
내가 나를 안아준다

〈내가 나에게〉 중에서

당신이 쏟아 부은
사랑이 넘쳐
제 마음은
온통 초록빛 바다
이 바다가 너무 아름다워
어쩔 줄을 모르겠습니다

〈성심이신 예수님께〉 중에서

날마다 새롭게 떠오르는
둥글고 둥근 해님
나의 삶을
갈수록 둥글게 해주셔서
고맙습니다

〈해를 보는 기쁨〉 중에서

June 08

"고맙습니다"라는 말은
언제나 부담 없는
푸르른 소나무빛
나를 키우려고
내가 싱그러워지는 빛

〈말의 빛〉 중에서

July 25

꿈에도 나는 당신을 사랑합니다.
당신과 긴 여행을 합니다.
꿈꾸는 것조차도
당신 안에선 가장 아름다운 기도입니다.

〈가을 편지〉 9 중에서

June 09

허연 고뇌의 먼지도 말끔히 털어내는 시간.
명주실처럼 탄탄하고 질긴 내 사랑의 올을
가지런히 빗겨 땋아놓고 싶다.

〈머리를 빗듯〉 중에서

July 24

가슴에 가득히 별을 심어 다오
작은 꽃포기 하나라도 심어 다오

〈산맥〉 중에서

June 10

어둠이 깊을수록
빛을 그리는 마음이 간절하듯이
우리는 삶의 어둠 속에서
빛이신 당신을 그리워했습니다

〈침묵의 말씀이신 당신 앞에〉 중에서

July 23

남의 말을 모두 다
겸손하고 순하게
사랑으로 듣기 위해선
용기를 키우는 시간이 필요해요
마음을 넓히는 시간이 필요해요

〈환자의 편지〉 중에서

June 11

꽃에게, 나무에게, 들에게조차
자꾸만 그의 이름을 들려주고 싶은 마음.
누가 묻지도 않는데도
내가 그를 사랑하고 있음을,
그로부터 사랑받고 있음을,
하루에도 열두 번 알리고 싶은 마음.
사랑할수록 바보가 되는 즐거움.

〈사랑은 어디서나〉 15 중에서

July 22

눈물 고여 오는
세월일지라도

너처럼 유순히
기도하며 살고 싶다

〈도라지꽃〉 중에서

당신의 이름에선
색색의 웃음 칠한
시골집 안마당의
분꽃 향기가 난다

〈어머니〉 중에서

July 21

사람들 사이엔
언제나
사막이 있습니다
당신이 아니 계시면
물길이 트이지 않아
깊고 맑은 사랑을
할 수가 없습니다

〈샘이신 예수님께〉 중에서

June 13

어둠 속에서도 훤히 얼굴이 빛나고
절망 속에서도 키가 크는 한 마디의 말.
얼마나 놀랍고도 황홀한 고백인가.
우리가 서로 사랑한다는 말은.

〈황홀한 고백〉 중에서

July 20

나 아닌 그 누군가가
먼저 나서서 해주길 바라고 미루는
사랑과 평화의 밭을 일구는 일
비록 힘들더라도
나의 몫으로 받아들이게 하소서

〈우리를 흔들어 깨우소서〉 중에서

June 14

가진 것 없어도
맑고 밝은 웃음으로
기쁨의 깃을 치며
오늘을 살게 해주십시오

〈가난한 새의 기도〉 중에서

July 19

햇빛을 담고,
바람을 담고,
구름을 담고,
아직도 남아 있는 비인 자리,
당신만이 채우실 자리.

〈당신 앞에 나는〉 중에서

June 15

캄캄한 가슴속엔
당신이 떨어뜨린
별 하나가 숨어 살아요

<백합의 말> 중에서

July 18

사랑의 먼 길을 가려면
작은 기쁨들과 친해야 하네

〈작은 기쁨〉 중에서

June 16

자꾸만 부르다 보니
작은 기쁨들은

이제 큰 빛이 되어
나의 내면을 밝히고
커다란 강물이 되어
내 혼을 적시네

〈작은 기쁨〉 중에서

July 17

나는 하나인 당신을 위해
물방울 같은 기도를
하늘에 튕깁니다

〈주일에 나는〉 중에서

June 17

날마다 새롭게
낮은 자세로 신발을 신으면
높은 곳에 있던 행복도
굽 낮은 신발을 신고
사뿐히 겸손하게
내려옵니다

〈신발을 신으며〉 중에서

July 16

당신이 가까이 오셔야
나는 겨우 고개를 들어
웃을 수 있고
감추어진 향기도
향기인 것을 압니다

〈제비꽃 연가〉 중에서

아프고 힘들지 않고
열리는 열매는 없다고
정말 그렇다고

나의 맘을 엿보던
고운 바람이
나에게 일러줍니다

〈열매〉 중에서

July 15

말하기 전에
듣기를 먼저 배우는
겸손한 어린이의 모습으로
현재의 순간이 마지막인 듯이
성실을 다하는 수행자의 모습으로
듣음의 여정을 다시 시작하는
들음의 사람이 되게 하소서

〈들음의 길 위에서〉 중에서

June 19

꽃잎마다
하늘이 보이고
구름이 흐르고
잎새마다
물 흐르는 소리

<수국水菊을 보며> 중에서

July 14

바람 많이 불어도
뿌리가 깊어
버틸 수 있는
내 마음
모두 당신 덕분이지요

〈나무의 연가〉 중에서

내가 아플 때
내 이마를 짚어 보는
엄마의 손은
내가 안 아플 때 만져 보던
엄마의 손보다
몇 배나 더 부드럽고 따스해서
나는 금세
눈물이 핑 돕니다

〈내가 아플 때〉 중에서

July 13

네가
나를 만나러 오기 전
꽃부터 먼저 만나고 오렴

그럼 우리는 절대로
싸우지 않을 거다
누구의 험담도 하지 않고
내내 고운 이야기만 할 거다

〈꽃을 보고 오렴〉 중에서

June 21

빗소리에 펄럭이는 촛불 사이로
새벽에 묻어 오는 백합 향기 사이로
나를 부르는 당신

〈불망不忘의 날에〉 3 중에서

July 12

바람에도 휘지 않는 노을빛 사랑
당신은
내 이름을 불러주십시오

〈촛불〉 중에서

June 22

나의 선택은
가난을 위한 가난이 아니라
사랑을 위한 가난이기에
모든 것 버리고도
넉넉할 수 있음이니

내 삶의 하늘에 떠다니는
흰 구름의 평화여

〈가난한 새의 기도〉 중에서

July 11

당신은 아시지요?
달님

당신의 밝은 빛
남김없이 내 안에
스며들 수 있도록
이렇게 얇은 옷을 입었습니다

〈달맞이꽃〉 중에서

June 23

당신을 기억하는
생의 모든 순간이
모두가 다
꽃으로 필 거예요

〈물망초〉 중에서

July 10

잊혀진 언어들이
웃으며 살아오네

사색의 못가에도
노래처럼 비 내리네

〈비 내리는 날〉 중에서

June 24

혼자 있는 시간이야말로
내가 나를 돌보는 시간
여럿 속의 삶을
더 잘 살아내기 위해
고독 속에
나를 길들이는 시간이다

〈홀로 있는 시간〉 중에서

July 09

보이지 않는 당신이
순간마다 내 안에 살아오시니
내가 감히 당신을 사랑하다니

<하느님 당신은> 중에서

다른 사람들이 내게 주는
찬미의 말보다
침묵 속에도 불타는
당신의 그 눈길 하나가
나에겐 기도입니다
전 생애를 건 사랑입니다

〈능소화 연가〉 중에서

꽃 한 송이가 땅에 떨어진 걸 들고 와서
하루 종일 곁에 두고 그 아름다움을 감상하였다.
연두색과 주황색의 절묘한 조화.
세련된 꽃술, 등처럼 생긴 모양.
늘 가까이 두고도 그 아름다움을 모르고 있었네.
꽃에게서도 사람들에게서도
아름다움은 계속 재발견되는 것임을 다시 알겠네.

〈2013년 일기〉 중에서

June 26

인생은 짧다
모든 것은 사라진다
깜박이는 빛으로
노래하였지
찰나적인 황홀함에
나는 숨이 막혔지

〈반딧불 이야기〉 중에서

제가 남으로부터 받은 은혜는
극히 조그만 것이라도 다 기억하되
제가 남에게 베푼 것에 대해서는
아무리 큰 것이라도 잊어버릴 수 있는
아름다운 건망증을 허락하소서

〈오늘을 위한 기도〉 중에서

June 27

누군가에게
늘 꽃을 건네는 마음으로 살고 싶었다

〈패랭이꽃 추억〉 중에서

July 06

죽는 날까지
당신을 잊지 않겠다고
내가 먼저 약속하는 일이
더 행복해요

〈물망초〉 중에서

June 28

반갑고 기쁘게 다가오는 만남뿐 아니라
성가시고 부담스런 만남까지도
사랑으로 승화시킬 수 있는
깊고 높은 지혜와 용기를 주십시오

〈만남의 길 위에서〉 중에서

July 05

구십 대의 노수녀 둘이
나란히 앉아
기도서를 펴놓은 채
깊이 졸고 있네
하느님도 그 곁에서
함께 꿈을 꾸시네

〈행복한 풍경〉 중에서

June 29

내가 너의 마음 진하게
물들일 수 있다면
네 혼에 불을 놓는
꽃잎일 수 있다면

〈봉숭아〉 중에서

July 04

내 생애가 한 번뿐이듯
나의 사랑도
하나입니다

〈해바라기 연가〉 중에서

June 30

제 안에서 오늘도
새롭게 떠오르는
태양이신 예수님
……
뜨겁지 않은 것은
사랑일 수 없음이니
오늘도 제 안에서
활활 타오르십시오

〈태양이신 예수님께〉 중에서

July 03

시는
살아서 내가 만드는
풀피리

듣는 이 많지 않아도
피리를 부는 것 자체로
행복하다

〈시는〉 1 중에서

July 01

못 견디게 힘든 때에도
다시 기뻐하고
다시 시작하여
끝내는 꽃씨를 닮은 마침표 찍힌
한 통의 아름다운 편지로
매일을 살고 싶다

〈꽃씨를 닮은 마침표처럼〉 중에서

July 02

담담한 세월을
뜨겁게 안고 사는 나는
가장 작은 꽃이지만
가장 큰 기쁨을 키워드리는
사랑꽃이 되겠습니다

〈제비꽃 연가〉 중에서